# NOTRE MISSION EN ESPAGNE

Il y a dix-sept ans, en 1899, dans un article intitulé : *Une entente intellectuelle avec l'Espagne*[1], j'écrivais, au lendemain des malheurs qui l'avaient assaillie : « Allons à elle pour la connaître, pour lui dire aussi ce que nous sommes. Nous commençons à penser qu'il faut pour nous, comme pour le monde, une Espagne forte, vivante, capable de dire son mot dans le conflit des idées, de jeter le poids de ses armes dans le choc des batailles... L'accord que nous demandons est dans son intérêt comme dans le nôtre : si nous voulons le resserrer, commençons par les idées... » Je n'ose dire que ces vœux aient été réalisés. Mais les événements ont montré ce que la France eût gagné à les voir s'accomplir. Aujourd'hui, c'est nous-mêmes qui regardons vers l'Espagne. Nous la voudrions près de nous, avec nous, dans le conflit terrible qui secoue l'Europe. Tout au moins lui demandons-nous sa sympathie. — C'est dans cette pensée qu'a été organisée la mission intellectuelle dont je vais entretenir l'Académie. Décidée en novembre 1915, préparée pendant l'hiver, la mission s'est mise en route le 27 avril 1916. Elle se composait de MM. Ét. Lamy, Bergson, Ed. Perrier, Widor, Imbart de la Tour, et s'était attaché, comme secrétaire, un jeune agrégé d'histoire, aujourd'hui au front, M. Maurice Legendre. Elle eût dû compter deux autres de nos confrères. La mort de M. F. Charmes nous a privés d'un concours infiniment précieux et qui, dès le début, nous avait rendu les plus grands services, et son état de santé a retenu M. Rostand à Paris, au moment même où Madrid se promettait de l'acclamer. Après un séjour rapide à Madrid, Séville, Grenade, Salamanque, Oviedo, la mission était de retour le

1. *Bull. hisp.*, t. I, p. 105.

26 mai. — Je voudrais brièvement indiquer l'accueil qu'elle a reçu, le rôle qu'elle a rempli, les résultats qu'elle est en droit d'attendre. Peut-être jugera-t-on mieux ainsi des sentiments de l'Espagne à notre égard, et des raisons profondes qui doivent rapprocher étroitement nos deux pays.

## I

Le premier fait qui mérite notre attention est la cordialité, la chaleur des sympathies qui nous ont accueillis.

Ces sentiments se sont exprimés, dès notre entrée en Espagne, à la frontière, à Irun. L'alcalde, entouré de son conseil, était venu nous offrir ses souhaits de bienvenue et les vœux de la population. C'est à la frontière aussi que nous sommes reçus par la délégation du comité formé à Saint-Sébastien en notre honneur. Nous ne devions que nous arrêter dans cette ville sans y prendre la parole. Nous y avons été comblés de prévenances. Une visite de la rade, une réception très simple, mais très touchante au cercle français, le soir, un banquet au Casino où les inspirateurs du Comité, MM. de Laffitte, son président, le comte Uhagon, ancien alcalde de la ville, un des peintres les plus illustres de l'Espagne, M. Zuloaga, nous ont offert leurs souhaits pour le succès de notre voyage et la prospérité de notre pays, puis l'audition d'une chorale qui a exécuté de très curieux chants basques, tel a été le programme de cette première journée. Le lendemain, visite à tous les collèges français, et ils sont nombreux. C'est enfin l'alcalde lui-même de qui nous sommes les hôtes et qui tiendra à nous reconduire, avec tout le Comité espagnol, jusqu'à la gare. Après un arrêt à Burgos, où, sous la conduite du recteur et des professeurs de l'Instituto, nous visitons la ville et l'admirable cathédrale, nous arrivons, le 30 avril, à Madrid.

A Madrid, également, un comité s'était constitué, formé des professeurs de l'Université centrale et du bureau de l'*Ateneo*, un des plus grands centres intellectuels et les plus libres de l'Espagne. Une délégation très nombreuse était venue nous attendre, et dès le lendemain, après la première de nos conférences, celle de M. Perrier, une réception était offerte à M. Bergson et à ses confrères par les étudiants. Ils nous ont invités dans leur maison, vaste ensemble de constructions où se trouvent à la fois un hôtel, un cercle, une bibliothèque, et qui, entouré de jardins et dominant toute la ville, est le plus admirable des asiles pour le travail et pour le repos. Dans la salle où nous sommes conduits, se trouvent, autour des jeunes accourus en foule, presque tous leurs maîtres, les représentants des académies, les chefs des partis politiques, conservateurs comme MM. Maura et Dato, libéraux démocrates comme le président du Sénat, M. García Prieto, marquis d'Alhucemas, réformistes comme MM. Azcárate et Melquíades Alvarez. Le ministre de l'Instruction publique s'est fait représenter. Ainsi, dans cette fête intime, c'est bien toute l'Espagne intellectuelle et politique qui a tenu à nous recevoir. Cette prise de contact, nous la retrouverons plus étroite encore dans la soirée offerte en notre honneur, le 7 mai, par S. E. l'ambassadeur de France, et où, aux membres des académies, aux grandes personnalités de l'aristocratie, du Parlement, étaient venus se joindre et le corps diplomatique et le président du Conseil lui-même, le comte de Romanones. Un de nos premiers actes, en arrivant à Madrid, avait été de saluer le chef du gouvernement, qui nous avait fait l'accueil le plus cordial. Cette bienveillance discrète des pouvoirs publics, à laquelle je suis heureux de rendre hommage, nous a suivis partout. Elle n'a certainement pas été étrangère au succès de notre mission.

Ces réceptions ne furent pas les seules. Plus intimes devaient être celles offertes par notre Institut français et par l'*Ateneo*, où on nous fit entendre de très bonne musique et assister à des danses nationales, exécutées, avec beaucoup de charme, par des enfants. Plus chaleureuse devait être enfin celle qui réunit au Palace Hôtel, dans un somptueux banquet, sous la présidence du recteur de Madrid, M. Conde y Luque, Français et Espagnols amis de la France. Les sentiments retrouvaient ici la liberté de la parole. Et nous ne saurions assez dire avec quelle émotion nous entendîmes deux des plus grands orateurs de l'Espagne, son éminent jurisconsulte, M. Azcárate, et le chef du parti réformiste, Melquíades Alvarez, parler de notre pays. De quel accent ils exaltèrent l'héroïsme de notre armée et souhaitèrent leur succès final pour la libération du monde et le triomphe du droit! Et quelles acclamations aussi saluèrent le jeune et brillant secrétaire général de l'*Ateneo*, M. Asaña, qui fut, avec son président, M. le sénateur de Labra, l'âme de ces fêtes, quand, au nom de tous ces professeurs, écrivains, artistes, groupés autour de nous, il célébra le rayonnement de l'esprit français, l'indissoluble union des nations latines!... Nous devions répondre à ces hommages. Nous l'avons fait simplement, sobrement. Nous aurions eu peur d'affaiblir le son de ces magnifiques paroles, en les commentant à notre tour. A tous ces amis de notre pays, nous étions cependant tenus de dire notre gratitude. Nous les avons réunis, la veille même de notre départ, dans une soirée d'adieu, où tous eurent encore la joie d'applaudir le plus grand historien de l'Espagne, Altamira, et où M. Ét. Lamy a traduit, avec le charme que vous connaissez, l'impression profonde que nous laissait cet inoubliable accueil.

Nous l'avons retrouvé partout sur notre route. — Tel il devait être à Tolède, dont l'alcalde lui-même nous a fait les honneurs; tel, en Andalousie, que nous avons parcourue du 8 au 17 mai. A Séville, c'est le recteur même de l'Université, M. Candau, qui voulut être notre guide, et, au banquet offert aux académiciens français, un des professeurs de la Faculté de médecine, M. Salvat, s'est fait l'écho des voix éloquentes qui, à Madrid, avaient si bien parlé de la France. A Grenade, où nous désirions passer silencieusement, inaperçus, nous cacher dans ce merveilleux décor de la nature et de l'histoire, nous étions à l'avance signalés et découverts. L'architecte de l'Alhambra a tenu lui-même à nous en faire les honneurs. Et il a fallu, naturellement, improviser une conférence que nous avons demandée à M. E. Perrier. A notre départ, toute la jeunesse des écoles entourait nos voitures, en acclamant les représentants de la France. Ces manifestations devaient redoubler encore d'intensité dans les deux grandes universités du centre et du nord, Salamanque et Oviedo, que nous devions visiter à notre retour.

A Salamanque, la France compte depuis longtemps une de ses amitiés les plus précieuses : le grand écrivain Miguel de Unamuno. Il était venu au-devant de nous jusqu'à 30 kilomètres, à Peñaranda. Nous ne pouvions avoir de meilleur introducteur auprès de l'Université, de l'élite sociale et du public, dans une ville où sa royauté littéraire est indiscutée. Grâce à lui, toutes ces sympathies nous ont fait cortège. C'est ainsi que le recteur a présidé lui-même ma conférence; et c'est un des doyens, celui des sciences, M. Segovia, qui a pris la parole au banquet. Don Miguel a enfin tenu à faire publiquement et devant nous sa confession intellectuelle. Il a convoqué dans le théâtre, trop petit pour l'entendre, toute la population, et là, après un discours excellent du président de l'*Ateneo*, a prononcé un magnifique éloge de la « spiritualité française ». — Avec quelle verve, quelle ironie, toute parisienne, il a raillé les prétentions de l'Allemagne à être l'éducatrice du genre humain, nous en étions émerveillés. Le public aussi, qui a fait une ovation enthousiaste à son orateur préféré, comme à ses hôtes. Le lendemain, un wagon-salon était mis à la disposition de ceux de nos confrères qui devaient rentrer en France, et les conduisit jusqu'à la grande ligne de Paris.

Oviedo était notre dernière étape : ville d'université, ville d'industrie, dans une des régions les plus vivantes, les plus riches de la péninsule, et où nulle part peut-être les amitiés françaises ne sont aussi nombreuses et aussi profondes. Par un contraste curieux, un des députés de la ville est M. Vasquez de Mella, le chef du carlisme rallié au germanisme; mais c'est aussi le collège électoral de Melquíades Alvarez, et, avec lui, nous avions pour nous l'élite intellectuelle et ouvrière, la jeunesse, les forces populaires organisées. J'avais dû y aller seul, le 22 mai, accompagné du directeur de l'Institut français, M. Paris, et de notre secrétaire. Avant même Oviedo, sur le parcours, nous avions reçu à l'arrêt du train des délégations venues pour nous saluer. A notre arrivée, la gare est envahie. Alcalde et recteur en tête, une partie de la ville est là qui applaudit et nous acclame. Il faut haranguer la foule, sur le marchepied même du wagon, se rendre à l'hôtel entre les autorités que suivent plus d'un millier de manifestants, paraître et parler encore au balcon; jeunes gens, ouvriers, curieux, applaudissant et criant toujours. Mêmes manifestations le lendemain, au banquet populaire offert au théâtre, à l'issue duquel des fleurs sont jetées dans notre voiture; à la maison du peuple, où nous nous rendons, après une visite aux écoles des Sœurs françaises de Gijon. Et, cette fois, c'est bien dans la rue même que se font entendre les cris répétés de « Vive la France! » Le dernier soir, le recteur, M. Sela, juriste éminent, entouré du corps professoral, nous reçoit dans un dîner d'adieu. Il nous parle, en français, de notre pays, de son héroïsme, de son avenir. Je voudrais que ce discours, que les *Débats* ont publié, fût entre les mains de tous les Français qui peuvent douter encore des sentiments de l'Espagne intellectuelle. Non moins touchant devait être l'épilogue de ces manifestations. Une collecte improvisée pendant notre séjour et destinée aux blessés français a produit près de 10,000 francs, dont j'ai pu remettre la plus grande partie, plus de 8,500 francs, à l'éminent président de la Croix-Rouge, le solde étant destiné à une œuvre de mutilés. Assurément, il n'est pas de geste qui puisse mieux que celui-là aller au cœur de notre pays.

Notre mission était finie. Vous me pardonnerez d'avoir donné tous ces détails, qui mettent en pleine lumière l'accueil fait aux académiciens français, « *los académicos franceses,* » en Espagne. Nous y étions allés avec confiance, connaissant bien la courtoisie naturelle à cette nation. En réalité, dans ce concert d'hommages, pas une voix hostile ne s'est élevée. Le silence, naturellement, ou des réserves dans les journaux qui, sous un titre espagnol, sont plus ou moins allemands; parmi les neutres, si peu favorables qu'ils se soient montrés à la France, si jaloux qu'ils aient été de leur neutralité, des articles bienveillants, toujours exacts, pleins de détails sur nos travaux et nos personnes. Nous avons trouvé plus encore. Comment, en effet, se méprendre sur la nature des manifestations, spontanées, enthousiastes, qui nous ont accueillis et dont la presse a souligné l'importance? Ainsi, des égards partout, une curiosité aimable chez un grand nombre, chez beaucoup une chaleur de sentiments, un élan de cœur où se découvrait la communauté des idées, voilà les sentiments que nous a révélés l'Espagne. Et s'ils ont été tels, c'est d'abord qu'elle a mis comme un point d'honneur à bien recevoir les représentants de cet Institut de France, dont, à l'étranger, le rayonnement reste incomparable. Et c'est aussi que dans l'œuvre que nous allions accomplir, elle n'a senti aucune arrière-pensée, mais simplement une sympathie vraie, le désir de travailler à l'entente, en tenant compte de ses intérêts, de ses volontés, de sa dignité.

Nous ne prétendions ni la convertir, ni la divertir. Nous avions trop le respect de sa liberté pour peser sur la décision qu'elle a crue la plus conforme à ses intérêts. Intervention et neutralité sont des problèmes politiques qui ne regardent qu'elle seule. Et nous connaissions trop son sérieux pour abaisser notre action à des propos frivoles. Dans ce drame angoissant où se joue notre avenir, aurait-elle compris que des écrivains français eussent oublié, de gaieté de cœur, l'austère devoir qu'impose la défense de la vérité? Nos conférences ont été faites dans cet esprit. A Madrid, où nous avons parlé à l'Université centrale et à l'*Ateneo,* à Séville, Grenade, Salamanque, Oviedo, où nous fûmes les hôtes de l'Université, nous avons nettement abordé les plus hauts problèmes de la pensée : ceux de la science, de la philosophie, de l'histoire. Nous les avons traités comme nous aurions pu le faire dans un amphithéâtre. Aucune déclamation : il fallait d'abord être clair. Aucune digression : il importait d'être court. Et nous avons été suivis et compris. Je ne crois point, par exemple, que M. Bergson ait jamais trouvé dans le public français un auditoire plus ouvert, plus averti, plus attentif. Dans cette foule qui, accourue pour l'entendre, débordait la salle trop étroite, jusque dans les couloirs extérieurs, presque dans la rue, cette parole grave, nuancée, émue, tombait, comme goutte à goutte, jusqu'au fond de l'âme. L'Espagne est bien restée le peuple logicien, celui qui aime à suivre une idée, ou réaliste, celui qui ne veut se rendre qu'à l'évidence des faits. Et elle est aussi la grande amoureuse du verbe. Nous avons dû « conférencier » à peu près partout. A Grenade, sur le quai de la gare, c'était encore de philosophie que les étudiants, les professeurs qui nous entouraient, se montraient avides : nouvelle forme des dialogues de Platon, que seul le départ du train a brusquement interrompus.

Non moins utiles que les conférences sont les contacts personnels et les entretiens. Et ici, le caractère même de notre mission était une autre garantie de succès. Nous portions à l'Espagne le salut de la France intellectuelle. Mais placés nous-mêmes en dehors des partis, nous pouvions nous adresser à tous; nous n'étions suspects à personne. Parlant au nom de la science, d'une science respectueuse des grandes croyances et des grandes idées dont vivent les âmes, nous étions sûrs d'être entendus. Nous avons eu à cœur de conformer notre attitude à notre enseignement. Partout où nous l'avons pu, nous avons rendu visite aux œuvres françaises, hôpitaux ou écoles. Point de différences entre elles. Ces religieux, ces laïques qui défendent en Espagne l'influence morale de la France, qui font aimer son esprit ou sa charité, avaient droit à l'égal hommage de nos encouragements et de notre admiration. Et de même que nous retrouvions avec joie tous ces petits îlots de patrie française, nous avons pris contact avec toutes les classes de la population. Si nous avons été surtout les hôtes du savoir et de la jeunesse, il nous a été permis d'entretenir les hommes d'État ou les publicistes. Nous avons entrevu l'armée en visitant l'Académie militaire de Tolède où se forme, avec les méthodes les plus modernes, le corps des jeunes officiers. A Oviedo, à Gijon, nous avons été reçus par des industriels, et il n'est pas jusqu'au clergé lui-même qui, sans nous demander de brevets d'orthodoxie, n'ait frayé avec la mission. C'est un souvenir ému qu'elle garde de l'accueil du cardinal de Séville et de l'évêque de Madrid. Comment, d'ailleurs, n'aurions-nous pas trouvé des amitiés dans une Église dont l'élite travaille? Nombre de prêtres assistaient à nos conférences. Quelques-uns ont discuté avec M. Bergson; il en est, plus qu'on ne pense, qui ont lu ses livres, et je sais même un théologien dont la doctrine sévère n'a trouvé rien à reprendre à ses conférences sur l'âme humaine.

Nous avions, d'ailleurs, un moyen infaillible de séduction. Le maître Widor a joué de l'orgue dans la plupart des cathédrales que nous visitions. A Burgos, Séville, Grenade, Salamanque, comme à l'église française de Madrid, furent donnés, avec le concours du clergé, des concerts qui obtinrent un énorme succès. Est-il enfin indifférent de signaler qu'un des groupes les plus actifs, les plus importants des catholiques, les catholiques sociaux, que dirige un maître éminent, M. Severino Aznar, a désiré nous recevoir, M. Lamy et moi, avant notre départ de Madrid? A ce dîner, dont l'invitation venait du directeur de l'*Universo*, le journal officieux de l'épiscopat espagnol, nous avons pu parler librement des raisons profondes qui devaient unir la France et l'Espagne; nous n'avons pas trouvé un seul contradicteur.

Après un si magnifique accueil, c'était bien à l'Espagne entière que nous devions un hommage reconnaissant. Nous avons tenu à l'offrir à son souverain. Au jeune roi, d'esprit si ouvert, de cœur si généreux, qui a donné, qui donne encore à notre pays tant de preuves de son amitié, nous avons dit la gratitude de la France comme la nôtre. Et de notre séjour, il n'est pas d'heure qui nous ait laissé une émotion plus vive, une impression plus pénétrante que cette audience où Alfonse XIII s'est entretenu gravement avec nous, comme il l'a dit lui-même, « en soldat et en ami, » des relations de l'Espagne et de la France et du grand exemple donné au monde par notre pays.

## II

Un des journaux les plus connus pour leur « neutralisme » nous souhaitait d'emporter d'Espagne un souvenir agréable. Et certes, ce souvenir nous le gardons avec joie. Il est celui d'abord de l'intimité charmante qui n'a cessé d'unir les membres de la mission, animés d'un même esprit et s'aidant dans leur mutuel effort. Et aussi avec fierté, puisque ces sympathies, ces hommages s'adressaient moins à nos personnes qu'au grand corps auquel nous avons l'honneur d'appartenir, et au-dessus même de l'Institut, à la France entière, à sa culture, à son génie. N'eussions-nous recueilli que ces témoignages d'une opinion publique, dont nos ennemis mêmes ont reconnu la force, nous aurions pu déjà avoir conscience du service rendu par ce pèlerinage intellectuel. N'en déplaise à quelques utilitaristes, les relations économiques ne sont pas entre les peuples les seules formes de l'amitié. — Nous souhaitions plus encore. Nous sommes allés en Espagne pour la mieux juger, pour qu'elle-même jugeât mieux la France, persuadés que cette compréhension commune était l'étape nécessaire vers une union durable. Les peuples ne s'aiment qu'autant qu'ils s'estiment, et ils ne peuvent s'estimer sans d'abord se connaître. Qu'avons-nous dit à l'Espagne? Qu'y avons-nous appris?

On doit le constater. Cette ignorance réciproque où vivaient depuis longtemps les deux nations, n'est pas un fait inhérent à leur histoire. Jusqu'au milieu du XVIIIe siècle, il n'est pas de peuples, peut-être, qui aient eu des rapports plus étroits, plus intimes, plus continus. On ferait sur ces influences mutuelles un très beau livre. Au Moyen-Age, nos chevaliers aidèrent l'Espagne dans la lutte contre les Maures, alors que nos pèlerins couraient en foule vers son sanctuaire national, Compostelle. Au XIVe siècle, c'est au tour de la Castille de seconder notre politique. Dans le domaine de l'art et de la pensée, la pénétration est plus intime encore. On retrouverait à Léon ou à Oviedo l'influence de nos grands architectes gothiques, comme à Burgos ou à Tolède celle de nos « ymagiers ». Les étudiants d'Aragon ou de Castille émigraient à Toulouse ou à Paris, comme les nôtres à Salamanque, et à l'aube même de l'humanisme, maîtres et érudits espagnols sont en relations suivies avec un Budé, un Le Fèvre, un Érasme. La guerre terrible où l'Espagne est alors engagée, arrête ces contacts : elle ne les supprime pas. On sait quelle influence eurent au XVIIe siècle ses écrivains sur nos romanciers ou nos poètes, ce que Corneille et Molière ont dû à un Guilhem de Castro ou un Tirso de Molina. Au début du XVIIIe siècle, c'est à notre histoire, à l'admirable épopée de Jeanne d'Arc qu'un de ses dramaturges, Antonio de Zamora, emprunte un de ses plus beaux drames. Il semblait que l'avènement des Bourbons, en relevant l'Espagne de sa décadence, dût l'unir plus étroitement à nous. Mais, par un contraste curieux, au moment même où s'affermit l'alliance politique, commence la rupture intellectuelle. Le philosophisme d'abord, les guerres de la Révolution, la conquête impériale achèvent la séparation; et on peut dire qu'au XIXe siècle l'Espagne et la France vivent côte à côte, sans se haïr, il est vrai, du moins sans se comprendre. Cette indifférence, cette ignorance n'ont-elles pas influé sur l'attitude de l'Espagne dans les événements actuels?

De là, nos malentendus et nos méprises. L'Espagne nous reprochait de la dédaigner. Non certes... Mais n'étions-nous pas quelque peu injustes ou légers à son égard? Parlions-nous d'elle avec sympathie ou, simplement, avec compétence? L'Espagne de la fiction nous cachait celle de la réalité, c'est-à-dire de l'art, de la pensée et du savoir. Et quand nous y allions, ce n'était guère qu'en touristes, un guide à la main, moins pour nous pénétrer de son histoire, de son génie, que pour nous divertir de ses coutumes ou de ses costumes. Nous connaissions un peu l'Espagne comme ces lettrés qui admirent Cervantes, en se rappelant qu'ils ont bien ri, dans leur enfance, des prouesses fâcheuses de don Quichotte. — Et à notre tour, étions-nous traités avec plus d'équité? Dans les reproches qu'aujourd'hui encore on nous fait au delà des Pyrénées, n'est-il pas quelque injustice? L'Espagne nous a un peu jugés comme nous la jugions elle-même, sur des accidents. Elle a confondu un parti avec la France, et Montmartre avec Paris. Elle nous a crus immoraux, athées, tout au moins frivoles. A vrai dire, elle avait une excuse : celle de nous lire. Elle n'a jamais dit de nous autant de mal que nous n'en avons dit nous-mêmes. Aujourd'hui encore, dans les critiques qu'elle fait de nos institutions, de notre esprit, de notre caractère, si elle peut invoquer quelques faits précis et positifs, ne trouvons-nous pas, plus souvent, dans ses sévérités, l'écho de nos médisances? Nous n'avons jamais mis de coquetterie qu'à nous décrier. A force de vanter nos défauts aux autres, comment s'étonner que les autres finissent par croire à nos défauts?

La guerre a heureusement changé ces perspectives. Lá France qui lutte pour sa vie a mieux compris la valeur de l'opinion des peuples. Elle a cherché à les convaincre. Elle leur a parlé d'elle-même, de la bonté de sa cause, de la justice de son droit. Nous avions le devoir, venus en son nom, de lui rendre témoignage. Mais ce témoignage, c'est sous une forme spéciale, personnelle, que nous avons tenu à l'apporter.

Ce fut peut-être parfois le tort de notre propagande d'être un peu trop une polémique. L'invective est rarement un bon apostolat de la vérité. Des accusations passionnées risquent de heurter des esprits prévenus ou simplement réfléchis qui pèsent la valeur des arguments ou la solidité des preuves. En Espagne, il faut le reconnaître, nos peintures des cruautés allemandes n'avaient produit que peu d'effet. Seules, la lettre du cardinal Mercier, la brochure de M. Melgar avaient eu un retentissement énorme. Mais ici, c'était une des victimes, et quelle victime! qui parlait au nom d'un peuple dont l'atrocité du supplice ne rendait que plus odieuse la violation de son droit. Là, c'était d'un des siens, d'un des hommes les moins suspects de partialité en faveur de la France républicaine que l'Espagne entendait la vérité. Ne valait-il pas mieux, simplement, nous raconter nous-mêmes, dégager des faits la grande leçon qu'ils donnent au monde, en un mot, nous montrer tels que nous sommes, quand nous revenons à notre nature et à notre tempérament? — Cela, dans nos entretiens, dans nos discours, nous l'avons dit, et nous trouvions des oreilles disposées à nous entendre. Le temps avait travaillé pour nous. Plus encore que notre parole, l'admirable effort de Verdun révélait l'âme de la France. Dans la force de l'armée, l'opinion hispanique a reconnu les vertus de la nation. Elle a compris alors ce qu'enfermaient ces souffrances muettes du pays, la ténacité de l'effort comme l'inflexibilité de l'espoir. La France de convention a disparu devant la France réelle, celle qui, derrière les gesticulations des partis, travaillait, méditait, amassait en silence ces trésors de dévouement, de savoir et de richesse que le coup de foudre a découverts. — Cette France, croyez-le, l'Espagne la connaît aujourd'hui et l'admire. Ne la diminuons plus devant elle. Si, au delà des Pyrénées, nous comptons d'ardents amis, moins de malveillance, plus d'équité, si, chaque jour, grandissent les sympathies pour notre cause, c'est à nos vertus guerrières et civiques que nous le devons.

Il nous a été doux, dans les discours qui nous ont accueillis, d'en recevoir l'assurance. — Mais nous avions autre chose aussi à porter à l'Espagne que des exemples d'héroïsme. La guerre actuelle n'a pas seulement révélé au monde ce que valait la France, mais ce qu'elle défendait : les idées mêmes qui font l'âme de notre peuple, disons mieux, de tous les peuples, de ceux du moins qui ont gardé l'héritage de la pensée antique ou de la pensée chrétienne, de la véritable civilisation.

Un des hommes d'État les plus en vue de l'Espagne me disait naguère : « Notre neutralité politique ne saurait être une neutralité spirituelle. Nous ne pouvons, nous ne voulons pas entrer dans la mêlée des armes; mais nous savons bien qu'entre les doctrines il faut choisir. » Et, en fait, un travail profond, intime, s'opérait peu à peu dans l'âme espagnole, j'entends celle de l'élite. Elle se posait la question vitale pour toute société humaine. « Où en sommes-nous? Que représentons-nous dans le monde? Quelle est l'essence de notre esprit, de notre race? Où, pour rester fidèles à nous-mêmes, devons-nous aller? » — Nous savions ces inquiétudes; nous en avions trouvé l'écho dans le manifeste de ces intellectuels, membres des Académies, professeurs des Universités, des lycées, des écoles, artistes, savants, publicistes qui, au nombre de 700, avaient osé répondre. Et c'était aussi à la solution du problème qu'était consacré l'admirable livre d'Altamira, *la Guerre et les Idées*, qui nous apprend pour quelle raison d'ordre intellectuel et moral le grand historien s'est rangé à nos côtés. Pour notre part, c'est à cette œuvre de précision et de clarté que nous avons consacré notre meilleur effort. Que représentent la France et le génie latin? Qu'aurons-nous encore à défendre, quand, les armes tombées des mains, les idées, elles, continueront la lutte? Toutes nos conférences se sont inspirées de cette question. Et si, par exemple, M. Perrier a parlé sur le problème des races, c'est pour montrer, la biologie en main, qu'il n'est aucune race privilégiée, aucune qui ait un titre à dominer, à opprimer les autres, que le progrès se fait au contraire par l'harmonie de leurs efforts communs dans la diversité créatrice de leurs dons. Si M. Widor a fait l'histoire de la musique française et montré son épanouissement dans ces admirables maîtres qui furent Berlioz, Gounod, Massenet et Saint-Saëns, c'est qu'il était nécessaire de rappeler qu'ici encore, dans cet art où elle excelle, l'Allemagne n'a point d'investiture unique, et qu'eux aussi les peuples latins, avec le génie qui leur est propre, ont créé cette forme exquise de la beauté. M. Bergson a-t-il sans raison choisi comme sujet la spiritualité de l'âme et la personnalité humaine? Mais si l'homme a une âme, une âme destinée à lui survivre, si la conscience n'est pas un mot, sa valeur crée son droit : dès lors, il cesse d'être l'esclave de la force, qu'elle soit l'organisation ou qu'elle soit le nombre. Et de même qu'il y a un droit pour l'individu, il en est un pour les peuples qui doivent être respectés dans leur vie, leur liberté, leur honneur. Enfin, parlant moi-même sur notre Jeanne d'Arc ou sur le matérialisme historique, qu'ai-je essayé de faire, sinon de montrer que la sainte du patriotisme était aussi celle du droit chrétien de la guerre, comme aussi que les conclusions de l'histoire, identiques aux recherches de la biologie ou de la philosophie, affirmaient un droit égal des peuples à se développer dans la paix, par la coopération de chacun au progrès de tous. — La tradition intellectuelle de la France, la voilà. Il suffisait de la mettre en lumière pour que l'Espagne s'y reconnût. Elle a défendu les mêmes idées par ses théologiens, ses jurisconsultes, ses philosophes, par les armes comme par le livre. Elle cesserait d'être elle-même en les oubliant. Or, plus encore que les sentiments, ces affinités intellectuelles rapprochent les peuples. C'est par les fibres les plus intimes de son esprit que, dans le conflit européen, l'Espagne qui pense, l'Espagne qui travaille, est attirée vers nous.

A son tour, la France a un devoir envers l'Espagne : la mieux connaître. Nous devons la voir telle qu'elle est, dans son caractère et dans sa vie.

Nous nous étions trompés sur sa physionomie morale. Nous la voyions encore avec les verres déformants du romantisme. La terre du pittoresque, des chevaliers et des moines! Et assurément, si au delà du remous des partis, des intrigues, des ambitions d'une oligarchie parlementaire, produit du « caciquisme », qui représente moins le pays qu'elle-même, nous savons lire dans son âme, nous y retrouverons les sentiments traditionnels, la générosité, la fidélité à la parole donnée, le sentiment de l'honneur comme le point d'honneur. Mais prenons garde! Il y a un autre trait, non moins apparent et tout différent. L'Espagne est aussi le pays du *réalisme*. Et en cela encore elle reste fidèle à une autre de ses traditions. Nous le retrouvons, ce signe distinctif, dans son passé, son art, sa littérature, sa vie nationale. Il apparaît dans Velázquez comme dans Cervantes. Le dualisme, qui n'est jamais chez elle en conflit, mais en contraste, constitue le fond même de sa nature. Et s'il fallait définir la psychologie de l'Espagne actuelle, nous dirions que c'est, de préférence, sous le dernier de ces traits qu'elle se présente à nos regards.

Réaliste, elle entend l'être dans sa politique. C'est au nom des nécessités positives et de ses intérêts que son grand homme d'État, M. Maura, proclamait naguère le bienfait de l'entente avec la France. Et c'est aussi en vertu des mêmes motifs, le sentiment très net qu'elle ne peut tirer aucun profit de la guerre actuelle, que l'Espagne refuse de s'y engager. Réaliste, elle l'est encore dans sa culture. Un des faits les plus curieux que nous ayons observés est précisément ce progrès des sciences positives, et, avec elles, celui de l'esprit positiviste. Analysons son enseignement. Les sciences abstraites y ont peu de place. Elle n'a pas de grands mathématiciens. Dans la biologie, dans la médecine, elle compte au contraire de très grands noms. Elle s'est lancée, avec un peu d'inexpérience sans doute, mais une admirable sincérité, dans l'étude des problèmes sociaux. Il n'est guère de Faculté qui n'ait sa chaire de sociologie, et très grande est la place faite par ses penseurs aux ouvrages de ce genre. L'histoire s'y ramène de plus en plus à des études de textes ou à des questions de méthode. Les grandes généralisations comme celles d'un Menéndez Pelayo ne seraient plus en faveur; maîtres ou élèves ne lisent pas Fustel de Coulanges, mais nos manuels de bibliographie. Cet esprit a gagné la philosophie elle-même. La plus haute des spéculations n'était guère, jadis, qu'une logique. Dans ces premières années du xx^e siècle, elle a voulu se transformer, et comment? En devenant une étude *scientifique* des phénomènes de la pensée ou de la vie. Elle a abandonné le raisonnement pour le fait, le syllogisme pour le microscope. Je n'en veux d'autre preuve que la *Biblioteca científico-histórica* qui est la grande encyclopédie de ces dernières années. Quels ouvrages nous ont été empruntés dans ce recueil? Ceux de MM. Boutroux ou Bergson? Pas le moins du monde; mais *l'Intelligence* de Taine, les livres de MM. Guyau, Binet ou Le Dantec. Seuls, les *Principes de psychologie* de William James ont trouvé grâce. L'Espagne en était encore hier à ce stade positif de son développement intellectuel, alors qu'ailleurs, et particulièrement chez nous, il est aujourd'hui dépassé.

Il faut tenir compte de ces faits si nous voulons comprendre l'emprise qu'a pu, dans ces dernières années, exercer sur la péninsule la culture germanique. Il semblait que l'Allemagne fût le pays classique des bonnes méthodes, de l'observation scientifique, de l'organisation intellectuelle comme de l'organisation sociale. L'Espagne envoyait à Marburg, Iéna, Berlin, ses étudiants, en nombre au moins égal, sinon supérieur, à ceux qui venaient à Paris. Elle a traduit Hegel, Nordau, Eucken, Lange, Wundt, Schwegler. Peu à peu, les idées allemandes commençaient à s'infiltrer comme les méthodes. L'admiration pour la discipline, pour la force, pour l'État, risquait d'affaiblir dans les esprits les vieilles idées de liberté, de droit, d'individualisme... Heureusement, ce n'était qu'un vernis superficiel. Et peut-être cette influence du germanisme n'a-t-elle été due, pour une bonne part, qu'à notre abstention. L'Espagne commence à se ressaisir. De jeunes maîtres comme Ortega y Gasset ou Morente, élèves, le premier de l'Allemagne, le second, de la France, restaurent la philosophie de l'esprit. Pareillement, l'œuvre des jurisconsultes n'a pas peu contribué à sauver les principes du droit naturel, ceux qui définissent les attributs permanents de l'individu ou des sociétés. Soyons sûrs que l'Espagne gardera jalousement son génie comme ses trésors. Elle restera fidèle à son idéal national, sans perdre de vue ce qu'il a d'humain. Unamuno nous disait ce mot profond : « Nous ne serons jamais un peuple cosmopolite. Mais ce qui est cosmopolite n'est pas universel. » — Comme toujours, dans ce retour à la *spiritualité*, à l'*universalité*, c'est à sa tradition, de même qu'à la nôtre, en un mot, à la tradition latine qu'elle reviendra.

Et c'est enfin ce sens des réalités qui, l'amenant à se replier sur elle-même, a assigné à sa vie nationale une direction. Là encore, nous n'avions pas su voir. Combien, en France, instruits de son passé, admirateurs même de son passé, la jugeaient une nation morte, ensevelie dans ses souvenirs, dormant, sous l'armure pesante de sa gloire, de son dernier sommeil! — Regardons de près. L'Espagne se recueille. Elle sait ce qui lui manque pour retrouver sa grandeur et sa prospérité. Et nul ne peut plus nier ce travail de régénération intérieure auquel elle se consacre. Partout un même effort, un même progrès de relèvement. Les leçons de la guerre américaine n'ont pas été perdues. La nation a compris qu'elle aussi devait s'adapter aux conditions nouvelles de la vie, et elle s'est mise à l'œuvre. Et assurément elle n'ignore pas ses plaies vives : le fléau des partis, l'indolence de l'esprit public, l'insuffisance de l'instruction ; mais l'âme est saine. M. Altamira écrivait, il y a deux ans : « Nous ne sommes plus aujourd'hui dans le cas de 1902 et moins encore dans celui de 1899. L'Espagne a peu à peu repris confiance en elle-même. » — La crise de pessimisme est bien passée, et ceux-là ne se trompent point, qui affirment, en observateurs clairvoyants, la possibilité d'une réforme et la vigueur des forces de rénovation.

De ces faits, nous ne pouvons ici donner qu'une esquisse, combien suggestive cependant! Sous l'action personnelle du roi, l'armée s'est reconstituée, et la loi militaire de 1912 a organisé ses effectifs comme ses cadres. En 1908, en 1913, des mesures analogues ont amorcé la réorganisation de la marine, celle de la flotte et celle des arsenaux. A son tour, c'est là vie économique qui progresse. M. Maura se félicitait récemment, à Madrid, dans un discours très applaudi, de l'extension donnée à l'agriculture. Nous avons pu constater nous-mêmes quelles conquêtes avaient été faites sur les déserts de la Sierra Morena par le travail de l'homme. Si l'Espagne garde toujours une partie de son sol improductif, en revanche, quelle prospérité dans les riches plaines de l'Èbre, de Léon, de Valence et du Guadalquivir! Au nord, c'est l'activité industrielle qui devient plus intense. Les richesses du sous-sol se découvrent. Des chemins de fer ont été créés dans les Provinces, en Asturie, pour en ouvrir l'exploitation. A Gijon, s'avance en pleine mer, par la destruction d'une montagne, un port énorme qui pourra permettre aux plus gros navires d'aborder directement. Aussi bien, depuis vingt ans, le nombre des usines a plus que doublé, et nous n'ignorons plus quelle est la part de la Catalogne et des Provinces dans cette production de richesses. L'Espagne, d'ailleurs, n'aspire pas seulement à étendre sa vie économique, mais à l'affranchir. On sait la part qu'ont eue nos ingénieurs et nos financiers à son développement. Elle demeure grande encore, la première des États étrangers. Mais combien d'entreprises viennent de se former où seuls sont représentés les capitaux indigènes et le travail national!

Ces progrès, nous les retrouvons encore dans la vie intellectuelle. Si l'instruction primaire est en retard, des efforts sont faits, cependant, pour l'organiser. Dans la plupart des grands centres se sont créés des cours du soir qui sont régulièrement suivis. Surtout universités, sociétés savantes ou *ateneo*, académies, sont des centres de culture bien vivants. L'Espagne compte de très grands noms dans la littérature comme dans la science; nous connaissons ceux de Pérez Galdos, de Palacio Valdés, de Ramón y Cajal, Altamira, Menéndez Pidal. Elle n'en a pas de moindres dans le domaine de l'art. Mais c'est l'ensemble même de la production qui s'est accru. En 1908, se fondait à Madrid une société pour le développement des sciences. Cette *junta* a réussi en quelques années à se constituer un capital énorme. Elle a créé des bourses de voyage pour les étudiants, subventionné des chaires et des cours, fait sortir de terre un museum, un des plus vastes, des mieux outillés qui existent. Des laboratoires se sont ouverts, et à ce progrès général des sciences, par le nombre des collections, des recherches, des travaux, l'histoire et le droit ont eu une large part. Non moins remarquable enfin que l'intensité de ces foyers intellectuels est leur dispersion. Ici encore le régionalisme exerce son influence. Villes ou sociétés locales rivalisent entre elles dans la publication des documents ou l'étude de leur passé. Le caractère régional s'affirme dans l'art lui-même. Madrid peut rester le plus important de ces centres, il n'est pas le seul. Séville, Valence, Barcelone en forment d'autres. Cette décentralisation de l'art comme de la pensée sera une des meilleures garanties de la fécondité comme de l'originalité de ce mouvement intellectuel.

## III

Bien vivante est donc l'Espagne moderne. Et la conclusion, c'est que dans l'Europe de demain elle aura sa place. Et au delà encore, par ces peuples d'Amérique qui parlent sa langue et n'oublient point son droit d'aînesse, c'est l'*hispanisme* tout entier dont grandissent les destinées. N'oublions pas ces faits; d'autres y pensent. Et c'est pourquoi il importe que l'œuvre d'entente se maintienne, se poursuive dans tous les domaines: celui de la politique comme celui des affaires et des idées.

Nous n'avons pas ici à dire quel intérêt politique nous conseille de vivre en bonne intelligence avec nos voisins. L'histoire nous montre, depuis quatre siècles, dans ce duel permanent qui met aux prises la France et le germanisme, de quel prix est l'amitié de l'Espagne pour l'un ou l'autre des rivaux. Non moins importantes, après la guerre, seront nos relations économiques. Mais l'action des intellectuels français ne saurait se faire que sur les idées. Et là, heureusement, depuis quelques années, la France savante et lettrée n'a pas failli à son devoir. Nos Universités de Bordeaux et de Toulouse ont créé à Madrid cet *Institut français* qui, par ses travaux et ses conférences, n'a pas été seulement un foyer d'études, mais de propagande. Dans un certain nombre de villes, des écoles françaises se sont ouvertes, dirigées par des maîtres laïques ou des religieux, et on peut juger des services qu'elles rendent au nombre de jeunes Espagnols qui parlent notre langue. Des professeurs espagnols sont venus en France, et, en 1912, entre Oviedo et Bordeaux a été conclu cet *intercambio* intellectuel, aussi populaire au delà qu'en deçà des Pyrénées. Il faut que cette œuvre de compréhension, de pénétration réciproque, soit développée, et ce ne sera pas sans doute un des moindres services de notre mission que d'avoir attiré sur elle l'attention de l'Institut, des pouvoirs publics, de l'opinion.

Multiplions les contacts. Ouvrons des écoles, sachons surtout les soutenir. Connaissons un peu mieux ce qui se fait, ce qui s'écrit au delà des Pyrénées. Donnons à la langue comme à la littérature de l'Espagne une place plus grande dans nos programmes d'enseignement, classique ou professionnel. Envoyons là-bas, dès que nous le pourrons, le plus grand nombre de nos jeunes gens. Appelons quelques-uns de ses maîtres illustres à enseigner à Paris, comme les nôtres iront à Madrid, à Barcelone, à Salamanque ou à Séville. Organisons surtout notre Institut français, en augmentant le nombre des membres; historiens et artistes, peintres, sculpteurs, architectes, ont autant à prendre dans les archives, les églises, les musées de l'Espagne qu'à Rome ou qu'à Athènes. Tels sont les moyens qui contribueront le plus à fortifier, à étendre nos amitiés. Et la tâche est facile. Dans sa renaissance actuelle, l'Espagne sait ce qu'elle peut attendre de la France, et ne devrons-nous pas beaucoup nous-mêmes au contact de son génie si original et si puissant? L'évêque de Madrid nous disait ce mot charmant: « Nos deux pays sont nécessairement destinés à se comprendre et à s'entendre. Que l'homme ne sépare pas ce que Dieu a uni! » — Cette séparation, pourquoi les peuples la voudraient-ils, quand des deux côtés il y a un même passé, une même culture, et, suivant le mot si applaudi de M. Bergson, un même *niveau moral*?

P. IMBART DE LA TOUR.

www.ingramcontent.com/pod-product-compliance
Lightning Source LLC
LaVergne TN
LVHW052032160826
845678LV00003B/1309

* 9 7 8 2 3 2 9 6 4 0 3 9 6 *